AGUSTINA BESSA-LUÍS E O SENTIDO DO ETERNO

Agustina Bessa-Luís e o Sentido do Eterno

Ali Águas

Published by Ali Águas, 2024.

AGUSTINA BESSA-LUÍS E O SENTIDO DO ETERNO

First edition. August 6, 2024.

ISBN: 979-8230358466

Written by Ali Águas.

Ali Águas

Para ti, mãe.

«Escrevo para desiludir com mérito, que é a maneira de se fazer lembrar com virtude.»

AGUSTINA BESSA-LUÍS, *in Contemplação Carinhosa da Angústia*

I. ETERNA (O)

Uma obra literária é organizada em torno de um sentido intrínseco. Porquanto qualquer escrito sustenta um vínculo inegável com o tempo. Na impossibilidade de se adivinhar o termo desse tempo ou o tempo da humanidade, uma obra afigura-se eterna; a sua criação, *o sentido do eterno*.

E que seria do *eterno* se não houvesse quem justificasse a sua existência? Neste sentido, nunca melhor dito, a obra de Agustina Bessa-Luís é um monumento literário construído sob pilares assentes na orientação intemporal da escritora, que outorgam ao tempo uma definição livre e natural.

Mas, que sentido é esse do eterno que Agustina encalçou? Perguntar-se-ia o burguês solteirão, Camilo Timóteo, que, pouco ciente disso, também procurou esse *eterno*, quando em sua alma despertou o repentino desejo de comprar a casa da Brusca. «O tédio inspira-os, o orgulho mantém-nos», escreveu Agustina Bessa-Luís sobre esta aquisição rápida e imprudente para Camilo Timóteo, no conto A Brusca. Assim caminhava para a eternidade a casa da Brusca, passando de mão em mão, numa permanente dança entre esperança, ilusão e decadência. Sucessos presentes nos romances da autora, passos orientados ao perpetuar da obra, da cultura, enfim, da arte de escrever. Escrever e deixar que perdure no tempo.

No programa televisivo Portugal de... Agustina Bessa-Luís, ilustrando os portugueses, a escritora opinou com respeito a um perfil: "*a cultura não é importante para a duração da pessoa*". E, no entanto, entende-se que na consciência da maioria lhe interesse "*muito mais durar do que ser eterno*". Desde logo, nestas palavras percebe-se a dualidade significativa entre cultura e o ser eterno, como um sentido para a vida, uma opção individual mas que pode ou não decidir uma vida com sentido para muitos. Sobretudo, através dos livros.

Argumentando as consciências que optam pelo atalho do tempo, é legítimo dizer que o *sentido da duração* é a mais acessível para a maioria, por motivações individuais que se impõe ao longo do tempo terreno. Neste caso, é valorizada a *duração* física. Enquanto, no *sentido do eterno* existem as motivações do pensamento indómito, passionais, que reclamam absorver toda a liberdade para a criação de algo maior que a sua própria existência. Quase inexplicável. Se às *motivações* se impuserem entraves, a continuidade de um *sentido* dependerá da natureza do pensamento livre. Porque também há uma necessidade coletiva, ainda que inconsciente. Como Agustina escreveu: «O mundo não precisa de originais, mas de criaturas livres para além de todas as possibilidades humanas».

Enfatizando o caminho de cada um, cite-se Arthur Schopenhauer quando formulou: «As pessoas comuns pensam apenas como passar o tempo. Uma pessoa inteligente tenta usar o tempo.». O legado de Agustina é o sumo cumprimento desta citação do filósofo. Escritora virtuosa, tocou distintos domínios da escrita, dos romances aos contos, das biografias ao teatro, dos ensaios à literatura infantil, das crónicas às memórias, num impulso consciente ou inconsciente, na senda do *eterno*. Gonçalo M. Tavares assinalou: «... e afinal aí estão eles, os livros, a exigirem ser lidos nesta década e nas que aí vêm: os livros de Agustina duram, e Agustina é grande e gloriosa».

Para Agustina Bessa-Luís a vida teve um sentido através da escrita, circunscrito na cultura, promotor da liberdade, desafiante, infinito no tempo. Quiçá sem intenção, apenas trabalhando o momento presente, com passos escorados pela paixão, pela inspiração, por quem elevou a sua obra, pelo abraço incondicional da família e por outras forças, as inexplicáveis.

Continuemos, pois, a adentrar neste insigne *sentido*, revelando as peugadas que o tempo não apaga.

O *eterno* tem um princípio.

II. SENTIDO

O sentido do eterno começou aos cinco anos. Agustina aprendeu a escrever, vislumbrou um gosto, ciente de que a vocação despertara. Saber escrever é um *sentido* que nos acompanha o resto da vida. Mas, Agustina Bessa-Luís foi mais longe. *"Eu nasci escritora e escrevo por prazer"*, *"vejo um papel em branco e apetece-me escrever"*, confessou numa entrevista à Renascença, no programa Diga lá Excelência. Tendo um princípio nesses primeiros rabiscos com tenra idade, a escrita de Agustina trespassou o tempo com o legado de uma vida a escrever.

A disposição natural para as letras tornou-se imparável com o tempo, com um sentido. «As palavras voam e o que não é escrito é perdido», escreveu Agustina em Contemplação Carinhosa da Angústia, sentença que aborda a escrita como um veículo para durar no tempo. Ainda que não tenha sido um caminho estudado com minúcia e intenção, o facto é que a obra da escritora alcançou patamares relevantes para *o eterno*. Liberdade, realização, intemporalidade, escalões que se mantiveram num admirável vórtice de escrita, livro após livro, eternizando a vida, a morte, a obra. Pressupõe-se que esta senda não terá estado isenta de desafios, mas, como Agustina descreveu em A Mãe de um Rio: «Por deserto que esteja o campo e frio o sol, o tempo está presente e nos penetra de sabedoria e de fortaleza». Ao princípio, Fisalina não estava tão certa disso, inconformada. Imagino que esta protagonista ter-se-á perguntado: *Quando poderei ter a vida que quero viver?* Sem embargo, chegado o momento, num tempo de desesperança, encontra um lugar inesperado, talvez o seu lugar. E, na verdade, o tempo, sob qualquer circunstância, trará sempre sabedoria, determinante na fortaleza que se chega a granjear. Aparece a caminhar, acreditamos para continuar. *Eternizando*.

A mesma narrativa também reflete o imensurável no tempo, quando Agustina retrata «ela não tinha filhos que crescessem, nem campos que semear; não contava as voltas da Lua, nem seguia com demasiada atenção a passagem das estações. Isto permitia-lhe viver interminavelmente».

De novo, de encontro à liberdade, à realização e à intemporalidade. Estádios que subsistem dependentes, um seguido do outro. A liberdade consciente e individual, escolher o lugar que se quer ocupar, desbravando meios para lá chegar, com sacrifícios pessoais que, de quando em quando, desafiam e quase levam a desistir; enquanto outros delongam o ócio ou se espalham na crítica a quem ouse seguir *o sentido do eterno*.

Num determinado momento, Agustina Bessa-Luís, no seu íntimo, decidiu livremente escrever, decidiu que o seu lugar estava na escrita e, resolvida, escolheu caminhar nesse *sentido*. Sobre essa perspetiva individual de liberdade, Aristóteles defendia que «a liberdade é a capacidade de decidir-se a si mesmo para um determinado agir», a qual, tomada a decisão, se afigurou incontornável para Agustina. Noutro tempo e noutra inquietude, Immanuel Kant refletiu ainda sobre um requerido traço da liberdade, formulando: «o conceito da liberdade é a chave da explicação da autonomia da vontade». Ainda nesta secção da sua «Fundamentação da Metafísica dos Costumes», Kant reforça: «Há pois que pressupor que entre liberdade e necessidade natural dessas mesmas ações humanas se não encontra nenhuma verdadeira contradição; pois não se pode renunciar nem ao conceito da natureza nem ao da liberdade». A vontade de Agustina ousou. Que fortuna. A gratidão afigura-se eterna também. O legado é, de facto, grandioso.

À liberdade na vontade natural, segue-se a realização, essencial na experiência humana, porventura a etapa mais importante, mas também a mais fugaz, proporcional ao tempo de vida, com instantes irregulares embora constantes, quando o anelo da escrita nos agarra muito cedo; e, de profunda relevância, enquanto agente impulsor da constância. O resultado da combinação anterior: uma escritora eterna, Agustina Bessa-Luís. Francisco Vale, editor, disse certa vez: *"Apesar de ser uma autora considerada difícil, a sua escrita, os aforismos, a riqueza do léxico difícil não foi ultrapassada pelo tempo. Tem uma intemporalidade rara"*.

Assim, a tríade do *eterno* caminha unida, ainda que, muitas vezes, seja preciso recorrer à rebeldia movida pela paixão. Lendo *paixão,* aqui evocada, do Vale Abraão, Ema, «uma rapariga capaz de livre decisão e que nem sequer tinha ideia do que era a submissão», bem poderia suspirar na polémica varanda: *Oh, o desvario da paixão! Quanto acarreta?* E a Tia Augusta a ouvir, consumida.

III. PAIXÃO

"Eu não queria o êxito fácil, as opiniões, os favores, agasalho da tertúlia e o calor da insubordinação, dos injustiçados e dos paladinos da razão. Eu só queria escrever, entrar no coração das pessoas e beber-lhes o sangue, avançando sempre, criando enredos e fazendo saltar os personagens das páginas", ilustravam assim as palavras de Agustina Bessa-Luís a paixão urgente pela escrita, num texto sobre a autora, lá pelo ano 2018, na revista do jornal Expresso. Palavras, talvez, desnecessárias de aqui mencionar para abordar este sentimento latente na criação da sua obra, já que os próprios livros de Agustina são o testemunho tangível de tal arrebatamento. Contudo, a sua menção é também um arrebato justificado para abordar a razão elementar de tudo o que foi e permanece no *eterno*. Foi Balzac quem disse e podemos aqui aplicar: «As grandes obras subsistem pelo seu lado apaixonado».

A paixão pela palavra, pela escrita, pelas histórias que não cessam de borbulhar na imaginação e precisam de ser contadas. Essa paixão: sentimento profuso, que não obedece a uma explicação única, é mais uma força natural, ancorada a um objeto, umas vezes, perturbante e de grande pesar; outras, vital para quem a abraça incondicionalmente, como um fogo que alimenta a existência particular de cada um. Fogo, sim, o mesmo que Agustina Bessa-Luís referia como *"um fogo inconsumível de espírito"*. Combustível na arte, nas letras, no mesmo instante em que se começa a gerar uma obra no pensamento.

Então, terá tido esta *paixão* uma origem vocacional? Ao indagar na descoberta de Agustina da biblioteca do avô materno, poder-se-á encontrar a chave. Desde muito jovem que a autora se interessou por livros, todavia, na biblioteca do avô Lourenço descobriu uma panóplia de mestres literários, que, por certo, desafiaram a vontade de Agustina. Uma revolução interior despontou. O mundo das letras capturou-a. E Agustina deixou-se guiar pelo encanto dos livros, escrevendo, já irrefreável.

Entre a consciência desse *"fogo inconsumível"* de querer escrever, de sentir a escrita como uma necessidade vital, como respirar, e entre a consciência de saber que se é capaz de realizar essa necessidade, escrever como um ofício e, no caso de Agustina, de ser uma grande escritora, há um período de tempo que decide essa *paixão*. Há habilidade para a escrita ou não? Há a possibilidade de viver a escrita como ofício ou não? Estas questões, que ocorrem amiúde nas mentes assoladas pela arte de escrever, seguramente, não se colocaram na ideia da jovem Agustina. Quando a *paixão*, o *fogo*, incendiou o pensamento da autora, com certeza, terá sido devastador, retirando às inquietudes do mundo material a importância que pudessem ter para os demais, permitindo que as línguas de fogo as devorassem, restando um propósito único, com mais espaço para se desenvolver. Ilação consequente com o ímpeto historiado de Agustina desde tenra idade, a mesma determinação vincada que se observa em todos os caminhantes no *sentido do eterno*. Este *fogo* incompreensível não se apaga, é para ser sentido como um dom e vivido como uma *paixão*. Escrevendo. Em A Corte do Norte, Agustina Bessa-Luís escreveu: «A vida não é para os que a compreendem, é para os que a praticam». Um ditame para a vida de qualquer escritor apaixonado no *sentido do eterno*, que se pode complementar com as seguintes palavras de Eduardo Lourenço: «Há duas maneiras de conviver com o tempo: tomá-lo como realidade ou como ficção».

Conhecedor da predileção da filha por livros, o pai, Artur Teixeira Bessa, ofereceu-lhe o livro A Selva de Ferreira de Castro, como *"o melhor livro de um escritor português"*. Que pai não oferece o melhor a uma filha? Imaginemos também o sorriso cúmplice da mãe, Laura Jurado Ferreira. Entrementes, a jovem adolescente Agustina, ávida leitora, apaixonada pelo bom uso das palavras na criação de enredos distintos e personagens complexas, não conteve a conclusão a que chegou após a leitura do livro, num gesto de arrojo, confiança e paixão, claro: *"se isto é o melhor livro de um escritor português, eu vou fazer o melhor livro de um escritor português"*. A paixão em bruto a abrir caminho, certa de sua vocação. Do futuro primeiro livro, Mundo Fechado, a personagem de Pedro aplaudiu, débil mas entusiasmado: *Brava, Agustina. Brava!* A própria Agustina escreveu no prefácio de uma edição desta obra: «Foi um livro airoso e profético. Anunciava uma carreira, conhecia já o seu destino».

Nesta senda, as vivências e o que se chega a absorver da mestria de outros vão formando o critério e a habilidade na vocação. Tem que haver inspiração no caminho para o *eterno*. Agustina Bessa-Luís começou a escrever as primeiras histórias a partir das estampas que recortava, como se fossem as ilustrações das suas narrativas. O cinema e os cartazes promocionais que via no Jardim Passos Manuel, quando o pai explorava este espaço, também alimentaram o imaginário da escritora. As próprias histórias de família que ouviu e viveu rechearam o universo criado por Agustina Bessa-Luís.

Para muitos escritores, no ponto de partida, há uma figura de referência que nos é próxima. Escritores que também um dia começaram a dar os primeiros passos e atingiram o patamar de mestres, mitos, génios que nasceram predestinados a abrir caminhos e explorar géneros que outros hão-de seguir, inovar ou criar outras formas de expandir as letras. Agustina alcançou, sem dúvida, esse patamar. Mas, antes de tudo, destaca-se uma figura de referência para a sua inspiração. Um grande romancista.

IV. CAMILO

É necessário posicionar Camilo Castelo Branco na obra de Agustina Bessa-Luís; o *eterno* pela mão de Camilo.

A inspiração é o nexo necessário que une as partes mais relevantes e indissociáveis na arte da escrita; da admiração por um mestre à inspiração, da inspiração à paixão pela escrita. Camilo Castelo Branco representa o epítome dessa fórmula, que se aprecia na obra de Agustina Bessa-Luís, quer na técnica brilhante e indomável, quer nas diversas dedicatórias observadas em contextos de ficção ou históricos, estudiosa da vida e obra de Camilo, com um conhecimento profundo de toda a sua obra. «Compreender a obra de Camilo depende muito duma experiência fatal, não exactamente empírica, e que nos marca para as coisas extremas da existência: as paixões. Veladas pela linguagem às vezes típica, outras vezes gongórica, as paixões são o húmus da obra de Camilo. Não as que ele conta, mas as que ele viveu, ou desejou viver», palavras de Agustina recolhidas na obra Camilo, Génio e Figura. Num imaginário proposto, as figuras de Fanny e José Augusto, apesar de tudo, não discordariam da mesma consideração sobre Camilo.

De igual modo, as semelhanças entre ambos são evidentes na versatilidade da escrita, dilatada nos diferentes géneros literários explorados por Agustina e Camilo; e, na própria inspiração em factos reais, as relações e as emoções humanas e a condição cultural, entusiastas dos romances históricos, estabelecidos nos seus universos paralelos e, contudo, distintos.

Ademais, pode-se falar de inspiração quando se verifica a mesma preocupação com a denúncia social, iluminando a decadência com rara ironia, embora intemporal, percebendo-se, infelizmente, eterna em todas as gerações. *O sentido do eterno* também neste enquadramento.

Contempla-se, por isso, nas obras dos dois autores uma tendência para a reflexão humanística, e até filosófica, nas circunstâncias e caracteres das personagens, elementos narrativos do género romanesco, interpretação possível da obra de Agustina Bessa-Luís, tendo havido mais esforços para contextualizar o seu legado em termos de correntes literárias, em virtude da visão da autora. Numa carta para a autora, Teixeira de Pascoaes escreveu sobre estas qualidades: «Trata-se duma escritora de raça, dotada de excepcionaes qualidades visionarias ou dotadas do instinto real. Sem este instinto, ha só literatura, e mais nada».

A forma romanesca é, no entanto, digna de apreciação. A disposição para o discurso romanceado não nasceu de uma corrente literária de ocasião, mas, sim, da inspiração recebida e a habilidade de escrever o que se vê e sente, virtuosa e real. Mario Vargas Llosa considerou que «toda a literatura é um questionamento radical do mundo em que vivemos», pensamento que muito se ajusta à vertente romanesca da literatura, transformando-se e adaptando-se no tempo e a cada realidade. Com efeito, o realismo terá tido no romance a sua base, dada a cadência descritiva de detalhes e a necessidade da exposição dos problemas sociais. A ascensão e decadência da burguesia, por exemplo, foi alvo do olhar de Agustina, permitindo ao leitor, não só o entretenimento ou prazer da leitura de suas obras, mas também questionar-se, refletir sobre a moralidade ou a ausência dela, contemplar uma vida farta e outra que apenas sobrevive, quiçá encontrar respostas ou mais perguntas, mas, acima de tudo, sair da narrativa mais consciente. O poder de Agustina, que no romance encontrou uma expressão percetiva da realidade, tornando-se uma audaz romancista. As duas mãos de um escritor no caminho do *eterno*. Estilo e audácia na realidade. Inferno e libertação na ficção. Tal como Camilo, a quem Agustina dedicou a comparação: «Camilo é um Orfeu a meio caminho do inferno e da sua libertação».

Esta presença de Camilo no conjunto da obra de Agustina é, no entanto, um tanto superficial, assoma «mais como mito literário, como personagem de romance, do que como modelo de escrita», esclarece Álvaro Manuel Machado, em O Significado das Coisas, ensaio sobre a trajetória literária da escritora.

Todavia a *trajetória* de Agustina chegou ainda a outras paragens. Além da dimensão biográfica ou da literatura infantil, o teatro e o cinema não escaparam à genialidade da autora. No cinema, por exemplo, Manoel de Oliveira coroou a obra de Agustina Bessa-Luís. Com certas divergências ou *"confortáveis conflitos"*, como qualificou o cineasta na entrevista de Sérgio C. Andrade a ambos para o jornal Público, em 2005. Porém, no final, por parte de ambos, com valiosos contributos para a história e o *eterno* português. Agustina defendeu: «Quem faz a História de um país pertence-lhe para sempre, não pode ser repudiado por ele, não pode ser chamado um estranho».

É, por consequência, essencial indagar na amizade de Agustina e Manoel para descobrir como se alinharam duas forças da natureza no *sentido do eterno*. Indaguemos.

V. MANOEL

No *sentido do eterno*, Camilo Castelo Branco pressupõe um *antes* e Manoel de Oliveira um *depois*, e ambos participam no *eterno* na obra de Agustina. Inspiração na escrita e, depois da escrita, inspiração no cinema; crescimento e extensão da obra de Agustina Bessa-Luís. Partindo desta premissa, é inevitável falar do contributo da obra da autora na sétima arte, desta guisa, pela mão de Manoel de Oliveira.

A escritora ouviu falar do cineasta através de um conhecimento em comum, na época em que a família vivia ora no Porto, ora na quinta de Ariz, na Régua. Manoel também terá ouvido falar de Agustina, sem imaginar o impacto que iria ter na sua carreira e, com a amizade, na sua vida, claro. Visto que no *sentido do eterno* não se está só. Os que caminham a par deixam em suas obras uma leitura significativa da arte, porque a arte é a união que não se procura, simplesmente acontece em presença dela. Lev Tólstoi exortou: «A arte é um dos meios que une os homens». Assim seja sempre. Assim passe a mensagem entre gerações. A escritora e o cineasta conseguiram provar que é possível.

Foi na década de 60, quando Agustina passou a residir em Esposende, que se estabeleceu uma conexão criativa entre os dois prodígios. Um passo de gigante no caminho do *eterno*, tendo em conta o gosto de Agustina pelo cinema, não mencionando o prazer de ver suas obras na grande tela, mesmo com os tais *"confortáveis conflitos"*. As tertúlias organizadas por José Régio no Diana Bar, na Póvoa do Varzim, têm parte de responsabilidade. Resultado: oito filmes e uma peça de teatro, ou seja, cultura, património para o *eterno* de todos. Tão vital, posto que «a cultura é o que identifica um povo com a sua finalidade», assim advogou Agustina, com razão.

Certa vez, a propósito de cinema, a autora manifestou que *"a ilusão para mim é sagrada. E se o cinema não a promete ou a desanuvia, ou até descontrola, não é cinema"*, consideração que reflete, sem dúvida, o nível de exigência e a elevação do significado de cinema. Manoel de Oliveira foi testemunha destes preceitos nas colaborações com Agustina Bessa-Luís. O cineasta confessou ao jornalista Sérgio C. Andrade, numa entrevista em conjunto: *"Os livros da Agustina são bastante complexos; do ponto de vista cinematográfico, são um pouco difíceis, têm muitas personagens, muita intriga, muitas complicações... e tudo isso é difícil de arrumar no cinema"* e acrescentava: *"Pode dizer-se que há um conflito muito grande entre um livro e um filme. O filme nunca será o livro, e o livro não tem só uma forma de poder ser filmado, tem mil formas"*; ao que a escritora aditou: *"É outra forma de criação"*. Está justificado. Agustina mantinha a sua própria visão, com direito. O mesmo que Manoel. Daí os *"confortáveis conflitos"*. Daí a amizade. Um mesmo *sentido*. Digamos, como expressou Jorge Cunha no prefácio do livro da escritora, Prazer e Glória: «Não se gosta de Agustina Bessa-Luís como se gosta de outro escritor qualquer», e prosseguia, alegando, ser algo próprio dos «grandes criadores». Dos *eternos*, acrescente-se neste ensejo.

O maior desencontro entre os dois sucedeu com o filme O Convento. Agustina estava a escrever Pedra de Toque, um livro em torno de um mito que também entusiasmou Manoel. Os tempos para levá-lo ao cinema impulsionaram Manoel a escrever o restante da narrativa para o guião. As duas visões não coincidiram e surgiu o conflito que Agustina etiquetou como *"desencontro total"* e *"colaboração falhada"*, recusando-se inclusive a ver o filme. Agustina publicou o livro com o título As Terras do Risco e Manoel estreou o filme como O Convento. O tempo apaziguou o temporal entre os amigos. Um ano depois Manoel de Oliveira tornou a lançar um novo desafio a Agustina Bessa-Luís, e assim prosseguiram o caminho. *O sentido do eterno* supera, sem exceção, qualquer desentendimento, tem um propósito maior: a duração infinita de uma obra. A amizade. Ao contrário do desacordo sem conciliação no tempo, que de nada serve, nem para a memória do *eterno*. Pois, que amizade não tem altos e baixos? Para mais, sendo a de Agustina e Manoel também uma relação criativa.

Porventura uma total conformidade não tivesse revelado melhores resultados, e para história, para o *eterno*, seria desinteressante. Por isso, nesta parceria, assim como se valoriza o resultado obtido, de igual modo, afigura-se razoável considerar a valia dessas divergências passageiras na obra final. Reforçam a paixão que a criou. Num imaginário próximo, o professor Fabre Martin, de um modo sórdido, entenderia essa paixão, apesar de se ter deixado arrastar pela sua própria naquela biblioteca do convento, em As Terras do Risco. *A paixão na procura de uma satisfação última é infinita, pois a uma procura sucede outra. A insatisfação é interminável. De outro modo, a vida não teria sentido*, bem poderia ter dito o professor Fabre Martin, professor Michael Padovic para Manoel de Oliveira, sobre o conceito devoto de criação de ambos artífices da cultura, de novo, num imaginário paralelo.

Confrontar ideias exige, por isso, coragem e paixão. Assim, poder-se-á confluir num só *sentido* com mais força para o que está por chegar, para os cinéfilos e leitores de um tempo que leva a crer que será mais exigente. Ou então, alardeando do pessimismo, mais difícil. Mas também ninguém disse que *o sentido do eterno* é um caminho fácil.

Por sorte, quando o caos acontece, podemos contar com a faculdade de discernimento na busca de uma sentença reguladora da desordem, o pensamento final que sempre irá iluminar o homem, como um farol na noite dúbia. Como um aforismo.

VI. AFORISMOS

Para o *eterno* não pode haver perfeição ou pensamentos estáticos; se surgir o caos, direcionado, o processo de criação será contínuo. Mais do que nunca, na literatura urge a ebulição de pensamento e expressões que não o deixem esmorecer sob a sombra da entrega material.

Sobre a mestria na gestão do caos na escrita de Agustina, António Lobo Antunes apontou no prefácio de uma edição para o livro Vale Abraão: «as suas obras não obedeciam a uma ordenação lógico-discursiva, obedeciam a uma tumultuosa ordenação do caos». Em Assim Falou Zaratustra, Friedrich Nietzsche idealizou o caos com garbo, escrevendo: «É necessário ter o caos dentro de si para gerar uma estrela cintilante». Um aforismo à altura de Agustina Bessa-Luís.

A autora, ciente do que emerge de um pensamento caótico direcionado, em Aforismos, escreveu sobre a sua fórmula: «O meu pensamento estende-se de uma maneira caótica e para o deter recorro aos aforismos. Eu dou muita importância aos aforismos; são como uma fuga ao pensamento». Através dos aforismos, por conseguinte, encontrou a orientação do pensamento, com uma saída vantajosa ao vórtice de ideias, aparentemente indómito. Afinal, há sempre um caminho a seguir.

«Uma constatação que posso verificar, com grande pena minha, a cada momento: só são felizes aqueles que nunca pensam, ou, dito de outra forma, aqueles que pensam o estritamente necessário para viver», escreveu Emil Cioran sobre o uso do pensamento, com um aforismo pessimista ou uma advertência para os que pensam demasiado. Quer se concorde ou não com a sentença, a verdade é que este aforismo impele o pensamento de cada um, porque o aforismo estimula o entendimento, ainda que haja algo comprovado na proposição, posto que o pensamento deve fluir. E o pensamento que flui é sempiterno.

Os aforismos de Agustina têm esse distintivo, alimentam o trabalho do intelecto, abrem consciências ou o debate; são preceitos fruto da sabedoria alcançada, mas também da elevação do pensamento sobre as veleidades ou sobre o beco sem saída da superficialidade. Nos livros da autora aprecia-se o fluxo de pensamentos no mesmo curso das palavras, diluviano e virtuoso, mas também é evidente a observação, por entre a crítica psicossocial e reflexões que brotam dos seus relatos, apoderando-se da atenção do leitor sem piedade. O que sempre se agradecerá na obra da escritora. Inteligência de natureza perene.

Nessa inteligência, a busca da verdade nas personagens e suas vivências é demonstrada ao longo da narrativa em cada livro. Há a necessidade de expor a face decadente e o que conduziu a essa eversão em que algumas personagens caem ou não sabem como escapar. Mostrar a verdade é o caminho das figuras que se vão movendo por entre a narrativa, lentamente, sem renunciar à sucessão de imagens detalhadas, para deleite dos leitores e para a boa interpretação da verdade na história. Uma verdade com origem caótica, lembremos. Assim expôs o filósofo Jean-François Lyotard: «A verdade não se encontra na ordem do acontecimento, encontra-se na sua desordem». Uma verdade, nunca melhor dito, que se poderá aplicar ao resultado criativo de uma mente onde o caos acontece, como um guia na ficção que se quer transmitir como a mais real possível, sendo ela, na obra de Agustina, de inspiração bem real.

É certo que o resultado de um pensamento habilmente caótico nem sempre é bem recebido, ou apreciado: por um lado, há uma prescrição na arte, que a cinge ao espectro mercantil; e, por outro lado, tristemente, vê-se que a inteligência ainda ofende egos abespinhados, que a não apreciam, optando pelo que lhes é familiar ou semelhante a outro nome da mesma arte. Homenageando outra personagem de Agustina, Hipólita, da obra Os Meninos de Ouro, que se fez «inimiga de toda a gente e queixosa do mundo inteiro», esta mãe haveria de julgar a *opção* comercial, censurando: *Um bom leitor não olha a modas ou géneros. Lê cada livro e razoa com a própria cabeça.*

Ora, uma escolha fácil é respeitável? Sim. Uma escolha para todos? Não. Os livros pedem *sons* diferentes, para diferentes *ouvidos* ou *ouvidos* que se tornaram vorazes no seu encanto pela arte da imaginação e do pensamento. Já em 1964, na revista O Tempo e o Modo, Eduardo Lourenço apreciou o *caos* na obra da autora, sobretudo no panorama português, e criticou: «A tradição literária portuguesa é hostil à desordem, suporta mal o caos, mesmo genial». Pois, somos muitos os que apreciamos a obra de Agustina. E serão muitos os que a apreciarão. O *eterno* também tem os seus ditames.

Por outro lado, retomando o aforismo como mecanismo para a orientação ou estimulo do pensamento, talvez não se possa contemplar um preceito como uma verdade completa. O aforismo tem uma base única, oriunda do pensamento afluente, quando tantos outros têm para contradizer. Aforista também, Karl Krauss sugeriu, quase como um gracejo, que «o aforismo jamais coincide com a verdade; ou é uma meia verdade ou verdade e meia».

Pensamento caótico, aforismos, contradição, em suma, elementos presentes na criação da obra de Agustina Bessa-Luís. É, por isso, oportuno analisar o impacto que estes elementos tiveram, têm e terão na literatura.

VII. LITERATURA

O direito de sentir, assim se poderia descrever a essência da literatura. Além da paixão, da inspiração, das vivências e os demais componentes expostos, inerentes à vontade, é um direito do escritor; é um direito do leitor, do crítico que opina e das gerações vindouras que o mesmo farão. Este *sentir* é eterno, como dita a humanidade.

Decerto não há um *tempo* para uma obra, posto que desde a matriz do *sentir*, alcançada a expressão do sentimento do escritor e o impacto que ela tem quando sentida pelos leitores, não tem um tempo determinado. Como pensou Eduardo Lourenço, em O Canto do Signo, poder-se-á dizer «que *uma obra* não pode, literalmente falando, ser imersa no *tempo* (nesse tempo no qual o discurso que o toma como alvo ingenuamente o coloca) pela simples razão de que ela é *já* "tempo"», pois segundo o autor: «Em todos os sentidos do termo, a obra é uma *presença intemporal*, porque *nenhum tempo preciso*, nem sequer o do seu empírico nascimento, lhe pode ser assinalado».

Agustina enunciou o seu sentir em cada livro, magistralmente, entre romances, contos, biografias, literatura infantil ou teatro, entre outros muitos escritos, e, assim, durante o processo criativo foi prolongando o tempo da sua obra, além do seu tempo, além do nosso tempo. Foi um caminhar ininterrupto, escorado na escrita de força incomparável, livre, bandeira de *o direito de sentir*.

Pela sua forte expressão literária, Agustina Bessa-Luís representa uma luz brilhante, para além da escola ou técnica, que dirigiu um foco de *rebeldia* para o mundo das letras. Uma obra que obedece a um padrão estipulado por quem não escreve ou pelas tendências variáveis é temporária. Uma obra que se liberta das *estipulações* alheias é intemporal. Agustina logrou-o. Com certeza, muitas vezes, com esforço acrescido, abrindo portas que antes se pintavam de preconceitos, o que amplia a admiração e o respeito já sentido. Ainda há muitas portas por abrir. As que a escritora estreou ficaram abertas de par em par para quem escolheu ser a exceção à regra, merecendo o aplauso unânime, não contemplando géneros. Porque, afinal, para a continuidade, está em causa o prazer da leitura, o qual acompanha qualquer leitor, sobretudo, ante o manejar celeste da língua na escrita de Agustina Bessa-Luís. Sobre este prazer que não se apaga, com razão, Virginia Woolf distinguiu que «entre todos os nossos prazeres, os que obtemos com os grandes artistas estão indiscutivelmente entre os melhores, e mais não sabemos». Em 1984, numa conferência na Universidade de Salamanca, Agustina exprimiu a sua visão sobre a criação de uma obra, a qual se interpreta como sendo o vínculo com o deleite do leitor: «Um livro nasce dum desejo profundo de relacionamento com aqueles que nos são caros».

O direito de sentir sem moldes denota a rebeldia da escritora, no afã de libertar a paixão pela escrita, o labor do pensamento, as impressões inovadoras de uma memória duriense, superando-se, despojada de qualquer regime estrutural. Citando de novo Eduardo Lourenço, sobre a revolução literária movida por Agustina, aquando do lançamento de A Sibila: «É uma literatura *nova*, entre nós, que *Sibila* inaugura. [...] abolidora, no que tem de melhor, dessa mesma mortal e não literária distinção, o seu significado é mais importante ainda quando se atenta na sua estrutura. Ou, precisamente, na *ausência dela*», porque outra *estrutura* se impunha, diferente, a pisar forte, num *sentido*.

Neste propósito literário, também não se pode ignorar a resposta que a escritora ofereceu à razão de escrever. É reveladora da personalidade e coerente com a rebeldia que apresenta na escrita. Agustina respondeu que escrevia «para incomodar o maior número de pessoas, com o máximo de inteligência. Por narcisismo, que é um facto civilizador», assim recolhe para a posteridade a compilação de diversos textos da autora, Contemplação Carinhosa da Angústia.

A escrita ímpar de Agustina Bessa-Luís marcou o panorama literário pela sua força rebelde, por questionar e fazer refletir sobre a condição humana, por contemplar a contradição com naturalidade e dar um lugar às raízes e seu movimento no tempo.

Com efeito, A Sibila supôs «o começo de um processo», um marco na literatura portuguesa e na carreira de Agustina Bessa-Luís. A derradeira orientação no *sentido do eterno*.

E como pode uma obra mudar tudo?

VIII. SIBILA

«Pela primeira vez tínhamos diante de nós, tanto quanto então o esperávamos e merecíamos, qualquer coisa bem próxima de um *mundo literário autónomo*, quer dizer, não um mundo que reenvia classicamente à vida e ou à imaginação, mas que é, em sua imediata realidade literária, emblema de vida e de imaginação», assim descrevia Eduardo Lourenço o impacto de A Sibila, o símbolo do *eterno* na carreira de Agustina Bessa-Luís, se houvesse necessidade de o representar.

Há um passado que se vai delineando num presente inevitável, com um futuro marcado pelo que se vai herdando. E, por vezes, não é só de feição material. O legado invisível dos antepassados é um catalisador da personalidade, para bem ou para mal; é uma decisão na vida adulta e consciente. O percurso de Joaquina Augusta, Quina, a Sibila, antes e depois do seu nascimento, retrata a história das *sibilas* de famílias de meios pequenos, entregues ao meio rural, por ventura, não tão rural, dados à solidão de um círculo de pessoas impossíveis de afastar, acima de tudo, do espírito resignado.

A autora conta aqui a história de uma mulher que nasceu numa família fadada para o *eterno,* pintando os traços que se conhecem nas famílias que cresceram em ambientes e circunstâncias similares aos de Quina. Mulheres que sofrem caladas mas continuam agarradas à roda do leme, homens jogadores da vida, ou desprendidos dela, e filhos que se desenvolvem entre estes dois pilares instáveis.

Como exemplo, cá em casa, ainda se fala da bisavó Antónia, a tia Antónia dos *Pitadas*, mulher sábia e muito procurada, conselheira de confiança, como se conhecia na *rua* e na *vila*, assim gostavam de diferenciar os dois bairros na terra. Já noutras terras, noutras casas, com certeza, o *eterno* compôs histórias que aproximam o leitor, quer pela familiaridade, quer pelo atrativo de uma realidade crua e inexplorada, ricamente retratada. Relatos que embandeiram o *estoicismo* como engenho resiliente, para um universo difícil, e que sempre terão um lugar onde perdurar, enquanto a existência humana estiver justificada. Os comportamentos identificados em A Sibila sempre ocorrerão, ajustando-se ao meio e ao tempo onde existirem. Imortalizando as personagens, a sibila. O que não significa que seja um caminho transitável para todos. O próprio criador do estoicismo antigo, Zenão de Cítio elucidava: «O pensamento deve ser mais forte do que a matéria, e a vontade mais poderosa do que o sofrimento físico e moral».

Perscrutando mais a ficção, A Sibila acontece num meio rural velado pela decadência, não desprovido da descrição abundante e aforística de Agustina Bessa-Luís, acentuando a repercussão psicossocial na história de uma família, os Teixeira, para *eternizar* uma família com inspiração na sua própria. Sobre a inspiração que Agustina percebeu na tia Amélia, mencionando o cordão de ouro que lhe foi designado antes de nascer, o qual, em As Sibilas, Mónica Baldaque chamou «uma raiz de ouro», a autora diz ainda: «Dessa raíz cresceu uma vida, e uma obra grande e singular, que a engrinalda e eterniza».

Para o efeito, as vivências na Casa do Paço foram a fonte que abasteceu A Sibila de personagens e sucessos pitorescos na Casa da Vessada, que tinham de continuar a viver com nuances da imaginação, embora conduzida por referências reais. Outro passo no mesmo *sentido*. Vergílio Ferreira escreveu, no ensaio Carta ao Futuro, que «a memória pura e que é apenas a vertigem das eras, eco de uma voz que transcende os limites do tempo, recuperando-se talvez aí, nesses pontos de referência, instala-nos todavia, porque o momento é de milagre, num passado e num futuro sem limites».

A Sibila apresenta um universo envolvente, onde Germa, sobrinha de Quina, com quem Agustina se identifica, rememora a história familiar sem ocultar os detalhes mais escabrosos, relatando-os ou reprovando-os, pois são eles conspirações, ações cruéis, libertinagem, inclusive delitos; sem descurar a faceta mística de sua tia, sibila, previdente, dotada da perspicácia para se adiantar ao futuro, observadora astuta do presente que a ocupa, sábia tecedora do enredo que nos prende, mesmo antecipando o inevitável desfecho.

Germa tem um caminho menos tortuoso, apesar da parte que lhe toca, enquanto familiar da grande protagonista. A tia tem uma história para ser contada e ouvida, lida, porque sempre haverá quem se surpreenda com um livro de rara perfeição. Eis aqui o bordão neste *sentido do eterno*. Antes de A Sibila, Agustina publicara Mundo Fechado, Os Super-Homens e Contos Impopulares, e, antes destes, claramente, muitos escritos haviam elevado a escrita da autora, como acontece a quem não passa sem escrever.

No mesmo ano do lançamento, 1954, Agustina Bessa-Luís foi distinguida com o Prémio Delfim Guimarães e, no seu seguimento, com o Prémio Eça de Queiroz. E, no cinquentenário da publicação de A Sibila, foram entregues a Agustina Bessa-Luís as Chaves da Cidade do Porto, belíssimo reconhecimento no mesmo dia do seu aniversário, 15 de outubro, mostra do sentimento geral da presença do *eterno* na obra da escritora. Aliás, foram muitos os prémios recebidos ao longo dos anos. *Benemérita, Agustina*, clamam estas personagens em uníssono, dando azo à imaginação desenfreada, ante o aprazimento dos leitores pelo mundo e quem vier, e da família. A família, claro. Sempre. Porque a escrita é um ofício solitário, mas no caminho não se está só.

IX. FAMÍLIA

Na sala, acomodada no famoso cadeirão, manta e prancheta nos joelhos, de caneta empunhada, formou a vida das personagens, enquanto os sentidos dos seus compuseram a sua no mundo real. E vice-versa. Atenta ao livro entre mãos, atenta ao mundo exterior.

A solidão a que a escrita obriga não implica uma desconexão total do movimento em torno do papel em branco, que aguarda em silêncio. O silêncio que Agustina gostava para a escrita e na vida também, algo a valorizar. Tal como o ruído, o silêncio prolongado é difícil de suportar. No silêncio há um esforço maior para domar e aclarar a mente caótica. Há a necessidade de equilibrar ficção e realidade, de normalizar o quotidiano de uma casa, e que o movimento de quem nela habita continue, como se não estivesse a decorrer a existência de outro mundo sobre o papel debaixo do mesmo teto, ao mesmo tempo. Eis a importância do apoio familiar na concretização de uma vontade excecional e sua continuidade, lado a lado.

Na prosa de Agustina, outro papel que se reconhece à família é o da inspiração das figuras reais para as ficcionais, através das vivências que foram passando de geração em geração. Uns inspirando os outros. O nascimento em Vila Meã, a infância na casa das tias em Travanca, as férias na Póvoa do Varzim e em Esposende, e uma vida no Porto, geraram um banco de vivências familiares proveitosas para criação literária da autora. Em Memórias Laurentinas, um leque de memórias familiares, Agustina Bessa-Luís escreveu: «são personagens atrás de personagens humanas». Deste modo, desde de cedo, a autora deu mostras da relevância do círculo familiar na escrita, tanto como inspiração, como apoio para que a paixão e o talento de Agustina não ficasse somente entre as paredes de casa.

Como qualquer outro ofício, a escrita precisa de horas diárias de dedicação consecutiva, dias inteiros, meses de trabalho, da primeira sílaba até à palavra *fim*, durante anos. Esse tempo dedicado à arte de escrever é tempo que se retira aos quefazeres mundanos. Quanto mais tempo se lhe dedica, menos tempo parece haver para a vida real. E, não obstante, o inverso seria um crime. A genialidade da escritora pedia tempo e o círculo mais íntimo soube conciliar uma necessidade com as demais em comum. Esforço mútuo. A união sugere constância, por conseguinte, realização.

Em Eugénia e Silvina, Agustina escreveu que a «família é uma forma de sequestro», citação que, fora do contexto original, se interpreta como dual, podendo ser vista como um *sequestro* emocional tóxico ou como o *sequestro* de pertencer a quem connosco partilha a vida, incondicionalmente, de maneira recíproca. Sob este último olhar, pode alguém sentir-se *sequestrado* para bem, como uma necessidade humana com o poder de estabelecer um equilíbrio anímico, sobretudo na inquietude de um escritor. Deste centro de operações emocional nasce a base de tudo o que somos, do princípio ao fim. Essa base, que se observa presente na vida da autora, é uma componente essencial na preparação, e ao longo da sua carreira, para as longas jornadas de escrita e o culminar de um *sentido* traçado.

Na sua autobiografia, O Livro de Agustina, a escritora revelou: «Eu queria ser excelente nalguma coisa. A mediocridade exasperava-me e os pés de barro ainda mais. Pela primeira vez pensei que me devia casar, porque a solteiria me distraía de maiores realidades», e casou. Um anúncio no jornal trouxe as respostas que procurava e, entre elas, a resposta do cúmplice ideal, Alberto Luís.

O marido foi o grande aliado neste *sentido*. Alberto organizou os manuscritos de letra miudinha de Agustina, trocando cada palavra a caneta pela grafia da máquina de escrever. Diligente, interrompeu a escrita quando alguma palavra estava menos clara, para a transcrição exata do trabalho da escritora. A impaciência de algumas interrupções não inibiu Alberto Luís da sua própria vontade de passar a correta mensagem de Agustina para o mundo. Fez as pesquisas pertinentes para ajudar a posicionar cenários e figuras nas histórias da escritora; tratou da vida dos livros, uma vez libertos da prancheta de Agustina, que já estava ocupada com o próximo livro. O compromisso com o trabalho de Agustina foi essencial para esse tempo de silêncio que a criação exige a quem escreve, sobretudo para uma escritora como Agustina, com uma atividade literária ininterrupta, pode-se dizer. Sobre o compromisso de Alberto Luís em arvorar a obra de Agustina Bessa-Luís, a filha do casal disse um dia: *"Acho que toda a vida o pai foi responsável pela obra da mãe"*.

Em 2008, Alberto foi a Itália receber, em representação de Agustina Bessa-Luís, o grau de Doutoramento Honoris Causa pela Universidade de Roma, e, com notória dedicação, esclareceu: *"Serei eu a ler a oração de sapiência, que ela escreveu ainda antes de adoecer". Simplesmente, belo*, murmuram as vozes do passado e presente familiar. E a família continua. Agora, presente e futuro. Um vibrar constante no tempo, no *sentido do eterno*, sob qualquer forma, porque as pessoas «estão sempre sujeitas a metamorfoses, a que chamaremos ficção, mas que é o próprio instrumento da realidade», como escreveu a autora em Metamorfoses.

E a *ronda* prossegue, porque o *eterno* não para.

X. MAGNÓLIA

Aqui chegados, a perenidade do legado literário de Agustina Bessa-Luís é indiscutível, pela obra, o legado como património coletivo, pelas apreciações, em contra ou a favor, de uma escrita que abalou os cânones das letras, de contornos romanescos num universo inexplorado mas, desde logo, fascinante.

Agustina descreveu-nos personagens que vivem num mundo burguês e decadente em conformidade, mulheres e homens que vagueiam pela narrativa cientes do fim que os aguarda, pacientemente, espectros de uma memória bucólica e da criação diluvial da escritora. Assim nos habituou a um discurso inteligente e aforístico, por vezes, labiríntico. Em diferentes obras integrou figuras que se misturaram com a ficção ou contextualizou essa ficção com acontecimentos do mundo real, sempre com um distintivo peculiar, quase tragicómico. Ao jeito da genialidade. Sem dúvida, próprio de quem contempla a possibilidade do *eterno* nessa paixão que estimulou o propósito único da escrita.

No que concerne ao género literário, a narrativa de Agustina dificilmente será qualificável de maneira acertada, se a descrição depender unicamente do espólio literário que precede o seu. Existem perspetivas possíveis, quiçá aspetos comuns entre os seus romances, que refletem com frequência traços do romanesco. A obra é vasta e implica o estudo aprofundado da técnica de Agustina enquanto escritora romancista, ficcionista, ensaísta, biografa, dramaturga, articulista e, quem sabe, o que mais está escrito para a eternizar. Embora, irrepetível, seja o justo qualificativo para a escrita de Agustina.

Outro ângulo para o registo de Agustina Bessa-Luís poderá ser o reconhecimento da admiração da escritora por Camilo

Castelo Branco, como uma presença judiciosa na voz da autora, apesar do expressivo carácter agustiniano. A inspiração que o autor proporcionou a Agustina somou-se ao pensamento caótico, à crítica psicossocial como elemento subsistente na narrativa, à vontade de contrariar o que foi dito ou feito com anterioridade. Tudo resultado da profusão e fluidez de ideias orientadas num *sentido,* na conclusão de cada livro e no começo de outro, entoados com tudo o que permanecerá *eterno*. Toda a criação contrária ao ideal é uma força genuína, posto que não pode haver criação se não se contrariar o que está escrito. Fiel ao resultado do pensamento levado pelo caos com raro virtuosismo.

Por consequência, neste *sentido do eterno*, surgem detratores e aliados, que, conscientes ou sem saber, vão dando forma à glória de um legado. Tanto o que de mal se diz quanto o que de bem se faz são partes do mesmo caminho. Sob este olhar, concedendo especial distinção a quem capturou a imortalidade na obra de Agustina Bessa-Luís, é oportuno falar de Manoel de Oliveira. À amizade entre a escritora e o cineasta unem-se os filmes que Manoel realizou com argumentos baseados nos livros de Agustina. Numa relação com os desencontros naturais entre amigos e génios, ficaram oito adaptações cinematográficas e a vontade de Manoel de realizar o nono filme, baseado no derradeiro livro de Agustina, A Ronda da Noite.

A continuidade do legado de Agustina tem e terá o mesmo apoio que a escritora recebeu desde que começou a escrevinhar as primeiras palavras soltas, ainda pequenina. A família que assistiu aos primeiros passos na escrita, quem acompanhou e continua a ramificar o *eterno* na imensa obra de Agustina Bessa-Luís.

A imensa magnólia é perene, principiou a eternidade. É o *sentido*. Porque uma magnólia não deixa de o ser quando perde a exuberância dos ramos carregados de verde e flores de aroma perfumado. Floresce cada ano com grandes flores brancas nas extremidades dos ramos no inverno, dando vida ao entorno parado, certa da sucessão natural que acontece mesmo contrariando-a. Ela sabe que ficou num coração, pintada num quadro, estampada numa fotografia, nas páginas de um livro, voaram sementes antes da partida. Elas deixaram-se agarrar pela terra, pela maravilha de reviver. A chuva desafiou-as. O sol ajudou, puxou-as do chão, animoso. Elas geraram uma planta num lugar e outra mais longe. Outras perderam-se para além da vista, por tantos lugares. E outra vez adornaram canteiros, fizeram jardins. Enquanto a grande árvore continua a acolher na sombra quem a seguirá, gerações que sempre terão o legado desta magnólia sem igual para a eternizar.

E, assim, cada vez que alguém lê um livro de Agustina Bessa-Luís, culmina a visão infinita da escritora, estendendo raízes, para continuar a *"incomodar"*, a desafiar os tempos ou a elevar o entendimento da vida. Porque este é *o sentido do eterno.* Do resto, não sabemos nada.

BIBLIOGRAFIA

ARISTÓTELES, *Retórica das Paixões*, Martins Fontes Selo Martins, 2017.

ALBERTO DE ALMEIDA, Jones, *Filosofia da Linguagem e Estudos Literários*, Editora Appris, 2020.

BALDAQUE, Lourença, *Viajar com... Agustina Bessa-Luís*, Opera Omnia, 2012.

BALDAQUE, *Mónica, As Siblilas - Diálogos em Sfumato*, Relógio D'Água, 2022.

BENJAMIN, *Walter, Ensaios Sobre Literatura*, Assírio & Alvim, 2016.

BESSA-LUÍS, Agustina e Artur Portela, *Agustina por Agustina*, Dom Quixote, 1986.

BESSA-LUÍS, Agustina e Manoel de Oliveira, *O Princípio da Incerteza*, Fundação Serralves, 2021.

BORGES, Jorge Luís, *História da Eternidade*, Quetzal Editores, 2012.

CHORÃO, João Bigotte, *Além da Literatura*, Quetzal Editores, 2014.

CIORAN, Emil, *La Caída en el Tiempo*, Tusquets Editores, 2023.

EPITETO, *A Arte de Viver*, Camelot Editora, 2021.

FARNSWORTH, Ward, *Ser Estoico: Eterno Aprendiz*, Editora Somos Livros, 2021.

FERREIRA, Vergílio, *Carta ao Futuro*, Quetzal Editores, 2010.

KÖHLER, Andrea, *O Tempo que Passa*, Guerra & Paz, 2021.

HELENO, José Manuel, *Agustina Bessa-Luís: A Paixão da Incerteza*, Fim de Século Edições, 2002.

JAMES, Henry, *A Arte do Romance - Antologia de Prefácios*, Globo Livros, 2003.

KANT, Immanuel, *Fundamentação da Metafísica dos Costumes*, Edições 70, 2007.

LOPES, Silvina Rodrigues, *Agustina Bessa-Luís - As Hipóteses do Romance - Livro 1*, Edições Asa, 2006.

LOURENÇO, Eduardo, *O Canto do Signo*, Gradiva, 2017.

LYOTARD, Jean-Francois, *El Entusiasmo*, Editorial Gedisa, 2012.

MACHADO, Álvaro Manuel, *O Significado das Coisas - Ensaios de Literatura Portuguesa*, Editorial Presença, 2017.

NIETZSCHE, Friedrich, *Humano, Demasiado Humano*, LeBooks Editora, 2019.

PESSOA, Fernando, *Sobre a Arte Literária*, Assírio & Alvim, 2018.

PLOTINO, *A Mente Divina - Os Tratados da Quinta Enéada*, Simplíssimo, 2022.

REAL, Miguel, *O Romance Português Contemporâneo 1950-2010*, Editorial Caminho, 2012.

SAINT-EXUPÉRY, Antoine de, *Um Sentido para a Vida*, Porto Editora, 2018.

SÉNECA, *Sobre a Brevidade da Vida*, Cultura Editora, 2023.

VÁRIOS AUTORES, *Agustina Bessa-Luís Vida e Obra*, Edições Cão Menor, 2011.

VÁRIOS AUTORES, *Livro dos Prefácios à Obra de Agustina Bessa-Luís*, Relógio D'Água, 2022.

WOOLF, Virginia, *A Arte do Romance*, L & PM, 2019.

aliaguas.author@gmail.com

Don't miss out!

Visit the website below and you can sign up to receive emails whenever Ali Águas publishes a new book. There's no charge and no obligation.

https://books2read.com/r/B-A-HDVSB-XQWEE

BOOKS 2 READ

Connecting independent readers to independent writers.

Also by Ali Águas

Crónicas Imortais
Luz & Sombra
Gelo & Fogo

Standalone
El Cazador de Estrellas
O Caçador de Estrelas
Agustina Bessa-Luís e o Sentido do Eterno
Uma Caixa Com Um Sentido
Força de Maré

www.ingramcontent.com/pod-product-compliance
Lightning Source LLC
LaVergne TN
LVHW040958150826
845672LV00002B/750

9798230358466